AF330400

LA PEINTUROMANIE,

OU

CASSANDRE AU SALLON;

COMÉDIE-PARADE,

EN VAUDEVILLES.

À ROME;

Et se trouve à PARIS,

Chez LE JAY, Libraire, au Grand Corneille, rue neuve
des Petits-Champs.

M. DCC. LXXXI.

ÉPITRE DÉDICATOIRE.

N° 107. A MADAME *** , *arrangeant des fleurs dans un vafe.*

Un Ouvrage fur le fallon doit être dédié à celle qui en fait l'ornement ; vous ne vous êtes pas fait connaitre , Madame , & je vous imite.

AIR : *Du ferin qui te fait envie,*

C'eft à vous , charmante Anonyme ,
Que je préfente ces couplets ,
Si le tendre Amour les anime ,
Je ne le dois qu'à vos attraits ;
Ici nous avons l'un & l'autre ,
Un fecret que nous cachons bien ,
Je voudrais deviner le vôtre.
Pour pouvoir vous dire le mien.

ACTEURS.

CASSANDRE, *Amateur.*

ISABELLE, *fille de Caſſandre.*

LÉANDRE, *amant d'Iſabelle, déguiſé en-*
ſuite en Peintre Italien ſous le nom
de COLORIO.

COLOMBINE, *ſuivante d'Iſabelle.*

PIERROT, *valet de Caſſandre.*

PARAFFE, *Notaire.*

La premiere Scene eſt dans la cour du Sallon des
Tableaux, les autres dans le Sallon même.

LA
PEINTUROMANIE,

OU

CASSANDRE AU SALLON;

COMÉDIE PARADE.

SCÈNE PREMIÈRE.

LÉANDRE, *contemplant la statue de Voltaire*, PIERROT.

PIERROT.

AIR : *Depuis plus de six mois.*

Vous voila comme un roc,
Planté devant ce bloc,
Monsieur Léandre,
Isabelle en ces lieux,
Va paraître à vos yeux,
Avec Cassandre.

A

LÉANDRE.

AIR : *Vous l'ordonnez , je me ferai connaître.*

Pour retrouver l'objet qui sait me plaire ,
Mon cher Pierrot, tu me vois au sallon ,
Adorateur de Vénus, d'Apollon ,
J'aime Isabelle & j'admire Voltaire.

N° 252.

PIERROT.

Ce Voltaire , Monsieur , avoit diablement d'esprit , si j'en juge par sa Statue. J'aime aussi l'air noble & guerrier du Maréchal de Tourville. Mais ne perdons pas de vue ce qui vous amène en ces lieux. M. Cassandre , vous le savez , grand amateur de peinture, a résolu de marier sa fille à quelqu'un de nos Artistes fameux.

N° 251.

LÉANDRE.

Il est vrai , mais Isabelle , connaît , approuve , & partage mon ardeur.

PIERROT.

Oh ! pour Isabelle , Monsieur :

AIR : *Va-t-en voir s'ils viennent, Jean.*

Ce n'est pas pour des pinceaux ,
Qu'elle a l'ame tendre ,
Mais , malgré les Damoiseaux ,
Ce matin , Cassandre
Vient consulter les Tableaux
Sur le choix d'un gendre.

LÉANDRE.

A i r : *Le lendemain.*

Le tendre objet que j'aime
  M'a mis au fait ;
Et puis d'un ftratagême
  J'ai le projet ,
J'attrapperai fans crainte ,
  Le vieux malin ,
Et j'avouerai ma feinte ,
  Le lendemain.

Mais , Ifabelle s'avance avec fon pere, & Colombine ; Pierrot, va les rejoindre , moi je vais me cacher un inftant , je veux parler à ma Maîtreffe , fans être vu de fon Argus.

SCÈNE II.

CASSANDRE, ISABELLE, COLOMBINE, PIERROT.

CASSANDRE

A i r : *Life demande fon portrait.*

Ici tout va charmer tes yeux,
  Dis-moi d'abord , ma chere ,
Le genre qui te plaît le mieux.

ISABELLE.

Le plus tendre , mon pere.

CASSANDRE.
Est-ce le coloris brillant,
Ou la maniere noire ?
PIERROT.
Le Paysage est amusant,
COLOMBINE.
Moi je suis pour l'Histoire.
CASSANDRE.

Taisez-vous, friponne. Çà, ma fille commen-
çons par acheter un livre.

AIR : *Nous sommes Précepteurs d'Amour.*

Aux tableaux plus d'un Amateur,
N'entendrait rien sans cette liste.
ISABELLE.
C'est la faute du Spectateur.
CASSANDRE.
Et par fois celle de l'Artiste.

ISABELLE.

On m'a raconté, mon pere, le sujet de la
N° 145. Vestale, il est intéressant, serait ce ce grand
Tableau ?

CASSANDRE.

Justement. La figure d'Emilie a de la noblesse,
celle de la jeune Vestale n'est pas sans expression,
mais le tableau est confus & les personnages au-
roient pu être mieux distribués.

PIERROT.

Monſieur, Monſieur, voyez de ce côté...

AIR: *Ah ! le bel oiſeau, maman.*

Ah ! le ſuperbe cheval,
Quelle ſuperbe criniere!
Ah ! le ſuperbe cheval !
C'eſt un ſuperbe animal !

CASSANDRE.

AIR: *Que ne ſuis-je encore un enfant.*

C'eſt l'étoille qu'on voit briller,
A l'inſtant où le jour va naître.

ISABELLE, *bas.*

Non, c'eſt l'étoille du Berger,
Car je vois mon amant paroître.

SCÈNE III.

CASSANDRE, ISABELLE, LÉANDRE,
COLOMBINE, PIERROT.

LEANDRE, *bas à Iſabelle.*

Ma chere Iſabelle !

ISABELLE.

Paix, paix donc, mon pere va vous entendre.

A 3

LÉANDRE.

Laissons le , ma chere , galopper avec Castor,
éloignons-nous doucement.

ISABELLE.

Et votre projet?

LÉANDRE.

N° 1.   Tout ira bien. Je vois déja Colombine instruire
Pierrot de ce qu'il doit faire. Voyez donc ce
Tableau , cette Briséis que l'on enlève à son amant.

ISABELLE.

AIR : *De l'Amour quêteur.*

Je ne reconnais pas les traits
Du Héros bouillant de la Grèce.

LÉANDRE.

Le Peintre a marqué sa Maitresse

ISABELLE.

Pour diminuer ses regrets.

LÉANDRE.

Si l'on m'arrachait Isabelle.

ISABELLE.

Si je vous perdais aujourd'hui ,

LÉANDRE.

Je frémirais plus que lui.

ISABELLE.

Je gémirais plus qu'elle.

LÉANDRE.

Ah ! cette Briséis est bonne à laisser enmener, mais, M. Cassandre approche, adieu, dans l'instant je reviens.

SCÈNE IV.

CASSANDRE, ISABELLE, COLOMBINE PIERROT.

CASSANDRE.

QUE faites-vous là, Mademoiselle?

ISABELLE.

N° 102. Mon pere, je....je cherchais un petit amour qu'on dit être charmant.

CASSANDRE.

Un petit Amour.... je n'en veux point, Mademoiselle.

ISABELLE.

AIR; *Robin turelure lure.*

Moi, je voudrais que l'Amour
Se mêlat de l'aventure;
S'il vous plaît, dois-je en ce jour,
Ture lure
N'être femme qu'en peinture,
Robin, ture-lure-lure.

8 LA PEINTUROMANIE,

COLOMBINE.

Monsieur a grand tort, vraiment,
Car, par fois, je vous le jure,
Celui qui peint dans le grand,
Ture-lure,
N'eſt époux qu'en miniature,
Robin ture-lure-lure.

CASSANDRE.

 Colombine, Colombine, je me fâcherai. Regarde, ma fille, vois ce Coriolan.

AIR : *Un matin, bruſquement.*

De voler aux combats
Son ame eſt impatiente,
Mais la nature, hélas,
Et l'amour arrêtent ſes pas.
Il preſſe d'une main tremblante,
Une épouſe chere à ſon cœur,
Et l'on voit à ſa douleur,
Que cette épouſe ſuppliante,
D'un époux fier & vainqueur,
Saura déſarmer la fureur,

N'aimerais-tu pas pour mari, un homme qui peint ſi bien la tendreſſe conjugale?

ISABELLE.

Il eſt vrai. Mais, mon pere, l'Académie pleure la perte de cet Artiſte, dont vous admirez le talent.

COLOMBINE.

N° 3. Quel eſt donc, Monſieur, cet autre qui fait le mort & que l'on emporte ?

CASSANDRE.

C'eſt Marcellus. Il n'a pas l'air, en effet, d'un homme tué dans un combat & que l'on ne retrouve que quelques heures après.

PIERROT.

N° 37. Voici un jeune guerrier, qui a l'air fier & triomphant.

CASSANDRE.

Betzabée aurait aimé David en le voyant ainſi.

PIERROT.

AIR : *Vous m'entendez bien.*

Les jolis petits pieds, vraiment,
Ce ſont bien les pieds d'un géant.

COLOMBINE.

A leur taille modeſte,
Eh bien !
On devine le reſte,
Vous m'entendez-bien.

CASSANDRE.

N° 151. Voilà un Tableau qui me paraît de la plus belle expreſſion. C'eſt Léonard de Vincy.

PIERROT.

On voit bien que c'était un Peintre. On l'a traité en confrere.

ISABELLE.

N° 5.

Voyez, mon pere, voyez Laïs, cette fameufe Courtifanne Grecque, fon Hiftoire vous eft-elle connue ?

CASSANDRE.

Laïs était la plus belle perfonne de fon tems. Les homme les plus célebres venaient de toutes les Villes de la Grece voir la charmante Corin-thienne, mais elle mettait fes bonnes graces à fi haut prix, que delà eft venu le proverbe : *il n'eft pas donné à tout le monde d'aller à Corinthe.*

COLOMBINE.

AIR : *Le premier jour qu'on aime.*

Si j'en crois fes traits féducteurs ,
Sa grace enchanterefle :
Laïs dut captiver les cœurs
Des Héros de la Grece.

ISABELLE.

Oui , Laïs même admirerait
L'Artifte qui l'a peinte;
Et je foupçonne qu'il a fait
Un voyage à Corinthe.

PIERROT.

N° 26.

Parbleu , que fait donc là cet imbécille , qui s'amuse à prêcher, tandis que les autres se battent?

CASSANDRE.

C'eſt Achille, ſa voix ſeule fait fuir les Troyens. Vraiment , il y a du feu dans ce Tableau.

ISABELLE.

N° 6.

Colombine , regarde la jeune Glicère , cette Bouquetiere Athénienne qui , maîtreſſe du cœur d'Alcibiade , inſpirait à ſon ame les plus nobles ſentimens.

COLOMBINE.

AIR : *Dans un bois ſolitaire & ſombre.*

Quelque fois je vous vois comme elle ,
Repouſſer votre tendre amant ;
Mais vous ne faites la querelle
Que pour le raccommodement.

ISABELLE.

Ici , Glicère reproche à ſon amant, qui avait combattu contre dix ennemis , de n'en avoir ter-raſſé que neuf & de l'avoir été par le dernier.

COLOMBINE.

Air : *Des bergeres du hameau.*

Cette Glicere, je crois,
Etait tant soit peu trop grecque ;
D'où vient qu'elle se rebecque,
Après neuf brillans exploits :
Pour moi je ne suis pas de même,
Et je dirai tout bonnement,
Heureuse celle dont l'amant,
Ne se rend qu'au dixieme !

CASSANDRE.

Nº 22. Je parierais qu'Isabelle aimera cet honnête braconnier.

ISABELLE.

Sa figure est bien naturelle, mais moins encore que celle de l'enfant qu'il tient par la main. Mais un autre petit tableau m'a frappée.

CASSANDRE.

Nº 11. Le combat de l'amour & de la chasteté.

ISABELLE.

L'idée est ingénieuse & l'exécution digne de l'idée. La jolie déité !

CASSANDRE.

AIR : *Alexis depuis deux ans.*

Vois son modeste regard,
L'aimable innocence !
Sa beauté simple & sans fard,
Ne doit rien à l'art.

ISABELLE.

Amour, renonce à ta vengeance,
Et pardonne à cette beauté ;
Tes traits ont bien plus de puissance,
Dans les mains de la chasteté.

Voulez-vous, mon pere, que j'aille, avec Colombine, voir ce tableau que j'apperçois.

CASSANDRE.

N° 108. Va mon enfant. C'est Baïard, il te plaira.
N° 2. Pour moi je veux examiner Ménélas & Paris, on en dit du bien.

COLOMBINE.

Je vous suis, Mademoiselle ; mais, en bonne foi, ce n'est pas Baïard que vous cherchez.

ISABELLE.

Léandre m'inquiette. Que veut dire ceci !

COLOMBINE.

N° 16. C'est une promesse de fidélité. Ces sujets-là

devraient vous être si familiers ! Mais celle-ci s'en fache.

ISABELLE.

AIR : *Vous voulez me faire chanter.*

Un serment de fidélité
Pourrait-il lui déplaire.

COLOMBINE.

Non, non, son cœur en est flatté,
Son œil seul est sévere.

ISABELLE.

Léandre me fit ce serment,
Hier à la nuit close ;
Mais mon cher Léandre est charmant ;
Ici c'est autre chose.

SCENE V.

CASSANDRE , PIERROT , COLORIO.
De l'autre côté, ISABELLE, COLOMBINE.

COLORIO, *à côté de Caffandre ; mais
fans le regarder.*

AIR : *Des fraifes , des fraifes.*

Io fono qui dà cercar
Il gran Signor Caffandre ;
E vorrei ben imparar
Dove mai poffo trovar
Caffandre , Caffandre , Caffandre.

PIERROT , *bas à Caffandre.*

Monfieur, on parle de vous.

CASSANDRE.

J'ai tout entendu. Je voudrais aborder cet
homme, mais peut-être n'entend-il pas le Fran-
çais, & je ne parle point Italien.

PIERROT.

N'importe , Monfieur , dites lui feulement
buon di Signor pour entrer en converfation.

CASSANDRE.

Tu as raison . . . . . *buon di*, *Signor Italiano*

COLORIO.

Signor, la saluto divotamente.

CASSANDRE.

Pierrot, souffle-moi donc.

COLORIO.

Je vois, Monsieur, que vous ne parlez pas la langue de mon païs, mais je sais la vôtre, & puis-je m'informer du motif . . . . .

CASSANDRE.

Vous parliez tout-à-l'heure d'un certain Cassandre ? . . . . .

COLORIO.

Grand homme, Monsieur, grand homme que le Signor Cassandre, le connaîtriez-vous ?

CASSANDRE.

Beaucoup, car c'est . . . . .

COLORIO.

C'est le plus grand connoisseur en peinture.

CASSANDRE.

Oh monsieur . . . . mais je ne veux pas vous laisser ignorer plus long-tems que ce Cassandre c'est . . . .

COLORIO.

COLORIO.

Son nom eſt connu, ſon goût eſt cité dans l'école Romaine.

CASSANDRE.

Eh bien, ce Caſſandre, c'eſt moi.

COLORIO.

Oimé, o dio! o cielo! quoi! c'eſt l'illuſtre, le grand, le célébre virtuoſe Caſſandre que je vois! Arrivé hier d'Italie, mon premier ſoin a été de vous chercher*, un préſſentiment ſecret m'a dit que je pourrais vous rencontrer ici.

CASSANDRE.

C'eſt moi, Signor, qui ſuis charmé... nous allons, ſi vous voulez, parcourir enſemble quel- ques tableaux.

COLORIO.

Je vais m'éclairer de vos lumieres. Cette Lu- crece n'eſt pas mal, mais :

AIR : *le Curé de Pomponne.*

J'aurais au Romain que voilà
    Donné plus de tendreſſe ;
On aurait lu dans ces yeux là,
    A travers ſon ivreſſe,
Qu'un jour il aimera
    La li ra,
    La très-chaſte Lucrece.

B

CASSANDRE.

N° 193. Vous avez lu dans mon idée. Et ces Sabines ?

COLORIO.

Trop de confusion ; la peinture doit toujours être claire , même quand elle rend le désordre d'une mêlée. Pour cet autre :

AIR : *Vous avez bien de la bonté.*

N° 20.
Malgré ces gaulois bazannés ,
Et leur fiere milice ,
Dorso célébre , sous leur nez ,
Un pompeux sacrifice :
Il rentre avec l'humilité ;
Mais tout bas il semble sourire
Et leur dire :
Messieurs , en vérité ,
Vous avez bien de la bonté.

CASSANDRE.

N° 201. Ne trouvez-vous pas , Signor , que le siege de Beauvais n'est pas assez distinct ?

COLORIO.

Oh ! celui-là je le protege , le sujet doit plaire au beau sexe , c'est le triomphe des femmes. Mais je trouve , que , dans celui-ci , la colere a un N° 19. peu trop défiguré Mars.

CASSANDRE.

Sans doute. Ce Dieu d'ailleurs pourra se consoler.

Air : *Triste raison j'abjure ton empire.*

Mars, plus heureux près d'une autre immortelle,
Contre Pallas fuit & ne combat plus ;
Il peut avoir le dessous avec elle,
Avec Venus il aura le dessus.

Que fais-tu là, Pierrot, tu regardes Bélisaire
avec bien de l'attention?

PIERROT.

C'est Bélisaire, ça, Monsieur, ah parbleu !

Air : *Du pere Barnabas.*

Si j'étais quinze-vingt,
Comme l'est Bélisaire ;
Et qu'à mes côtés vint
Si gentille aumôniere :
Près de la jeune fille
Pour assurer mes pas ,
Je prendrais la béquille
Du pere Barnabas.

Air : *O ma tendre musette.*

CASSANDRE.

Si j'en crois cette suite,
Qui compose ta Cour ;
Ton triomphe, Amphitrite,
Est celui de l'Amour.

COLORIO.

Seule on t'a fait moins belle,
Et l'on dira par-tout :
Si le peintre est fidele ,
Neptune a mauvais goût.

B 2

ISABELLE.

Ah vous voilà, mon pere; je vous cherchais.

CASSANDRE.

Tu me vois, ma fille, avec un des plus fameux virtuoses d'Italie.

COLORIO.

En vérité, Monsieur, voilà bien le plus joli tableau mouvant que j'ai vu de ma vie. Vous confidériez un tableau, Mademoiselle.

ISABELLE.

N° 17. Je m'intéreffais au malheur de cette amante abandonnée. Voyez ce frippon d'amour :

AIR : *Un ingrat m'abandonne.*
Sous un mafque, le traitre
Avait féduit fon cœur ;
Un jour, auffi, peut-être,
Il fera mon malheur.

COLORIO.

Non, fon aîle inconftante,
Ne l'aurait point été ;
Si cette jeune amante
Avait votre beauté.

PIERROT, *bas à Caffandre.*

Monfieur, favez-vous bien avec qui vous êtes, je viens de m'en inftruire. Ce virtuofe eft le Signor

Colorio, Romain, le plus célebre peintre d'Italie, dans tous les genres.

CASSANDRE.

Bon, bon, je vais faire comme si je le connaiſſais depuis long-temps...... eh bien, Monſieur Colorio, que dites-vous de.....

COLORIO.

Comment, qui donc vous a dit mon nom?

CASSANDRE.

Les grands artiſtes peuvent-ils garder l'incognito. Mais pourquoi ne pas nous apporter quelques-uns de vos ouvrages?

COLORIO.

Quoi! ne me ſuis-je pas fait précéder à Paris par quelques tableaux! ... rappellez-vous donc! ... à la bibliotheque du Roi.....

CASSANDRE.

Adam & Eve! c'eſt un morceau achevé, un chef-d'œuvre; mais on m'a nommé le peintre; c'eſt.....

COLORIO.

Je vois ce que vous voulez dire, il n'eſt que mon correſpondant à Paris. Vous avez trop de de lumieres pour n'avoir pas reconnu le coloris Romain.

B 3

CASSANDRE.

Cependant.....

PIERROT, *bas à Cassandre.*

N'allez pas vous en défendre, ce serait écorner votre réputation.

CASSANDRE.

Quoi c'est vous ! ....êtes vous garçon ?

COLORIO.

Sans doute, & n'ai nulle envie de me marier.

CASSANDRE.

Touchez là, Signor Colorio, vous serez mon gendre.

ISABELLE.

Mais mon pere.....

COLORIO.

Mais Monsieur ....

CASSANDRE.

Point de mais. Ma fille est jolie, faite à pein-dre, & a cinquante mille écus en dot.

COLORIO.

Mais savez-vous si Mademoiselle ?....

CASSANDRE.

Vraiment, je voudrais la voir refuser un Vir-tuose !

Colorio.

AIR : *Tandis que tout fommeille.*

D'Amour la douce flamme
Brille dans mon tableau,
Et d'Amour le flambeau
Embrafe auffi mon ame.
A votre tour,
Au tendre Amour,
Livrez un cœur rébelle.
De cent tableaux quand j'empruntais,
Pour Eve les plus jolis traits ;
Hélas ! je ne croiais jamais
Rencontrer mon modele.

Isabelle.

Tout ce qu'il vous plaira, Monfieur, mais je ne puis vous aimer, & mon cœur a fait un choix.

Cassandre.

Comment, petite fille, vous ofez........, taifez-vous..... je vais de ce pas chez mon.... & parbleu.... oui, c'eft lui-même, Mr. Paraffe, mon Notaire.

SCÈNE VI.

Les Acteurs précédens, PARAFFE.

PARAFFE.

N° 18. SERVITEUR, Monfieur Caffandre, vous me voyez fixer le tableau de ces amans unis par l'Amour.

AIR : *Où s'en vont ces gais bergers.*

Contre cet himen, hélas !
Je fuis en colere ;
Quand on eft pauvre d'appas,
Comme cette bergere ;
En mariage on ne devrait pas
Se paffer de Notaire.

CASSANDRE.

Comme nous ne fommes plus dans l'âge d'or, Monfieur Paraffe, j'ai befoin de vous pour marier ma fille.

PARAFFE.

Parbleu, fans aller chez moi, j'ai votre affaire ici. C'eft un contrat tout dreffé, les noms & les fommes font en blanc,

COMEDIE PARADE.

Cassandre.

Donnez, que je jette un coup d'œil. *Il lit.*

Isabelle, *s'écarte un peu avec Léandre.*

Léandre, en vérité, je tremble encore.

Colorio.

Je n'ose en croire mon bonheur; Caſſandre revient. Parlons tableaux.

Isabelle.

N° 147. Que penſez-vous, M^r. Colorio, de ce printems ?

Colorio.

Air : *Liſette ramene aux champs ſes moutons.*

Cibelle
Me parait, dans ce ſéjour,
Plus belle
Que la Mere de l'Amour.

Isabelle.

Ce tableau plairait plus encore,

Colorio.

A l'Amant comme à l'Amateur.

Isabelle.

Si nos yeux retrouvaient dans Flore,
L'éclat, la beauté d'une fleur.

COLORIO.

Ce Dieu qu'on voit près d'elle,
Eſt fait pour la charmer ;
Car ſi Flore eſt fidelle ,
Zéphir n'eſt point léger.

CASSANDRE.

Laiſſons Zéphir, s'il vous plaît. Voici un contrat de mariage en bonne forme. Monſieur Colorio ſignez.....bon , à vous ma fille.... ....point de façons, je vous prie , ...à moi à préſent.

ISABELLE, COLORIO.

Dieux quel bonheur !

CASSANDRE.

'Ah, ah, vous voila bien contens tous deux! Mais je n'ai pas encore ſigné .....M'. Colorio, vous n'aurez point ma fille.

COLORIO.

Que veut dire ceci ?

CASSANDRE.

Quoi! Eve, la premiere des femmes , vous lui donnez un nombril !

COLOMBINE.

Voici bien autre choſe !

COLORIO.

AIR : *Charmante fleur.*
Pour un nombril , faut-il perdre Isabelle !

CASSANDRE.

Vous avez tort.

COLORIO.

Mais , à la vérité
Si mon portrait eût été plus fidele ,
Eve aurait trop perdu de sa beauté.

CASSANDRE.

Je le sais , & n'ai voulu que vous éfrayer.
Allons, pour cette fois j'ai signé.

ISABELLE.

Ah ! mon cher Léandre !

CASSANDRE.

Comment !

LÉANDRE.

Pardonnez, Monsieur , un stratagême inventé
par l'Amour ?

CASSANDRE.

Quoi , vous étiez tous d'accord pour me
tromper.

ISABELLE

Vous repentirez-vous, mon pere, d'avoir fait
mon bonheur ?

LÉANDRE,

A i r : *R'lan tan plan, tirelire.*

Voyez, Monſieur, ſans dépit,
R'li, r'lan, r'lan tan plan, tireli ran plan,
Voyez, Monſieur, ſans dépit,
Le feu qui me grille.

Le feu qui me grille,
R'lan tan plan, tirelire,
En ſecret mon cœur me dit
R'li, r'lan, r'lan tan plan tireli ran plan ;
En ſecret mon cœur me dit,
Qu'avec votre fille.

Qu'avec votre fille,
R'lan tan plan tirelire,
Je vais faire un beau petit,
R'li, r'lan, r'lan tan plan tireli ran plan ;
Je vais faire un beau petit
Portrait de famille :

ISABELLE.

Voyez, mon pere, la joie brille dans les re-
N° 169. gards de cette jeune mariée qui devient, avec
la Croix de Saint-Louis, la récompenſe de ſon
amant.

LÉANDRE.

Heureux jeune homme, quel eſt ton ſort !

AIR : *Assis au pied d'un chêne.*

De Vénus, de Bellonne,
Fidele sectateur,
D'une double couronne
Tu mérites l'honneur ;
Pour prix de la victoire,
Tu devras tour-à-tour,
Tes mirtes à la gloire,
Tes lauriers à l'Amour.

Il ne tient qu'à vous, Monsieur, de me rendre aussi fortuné que lui.

CASSANDRE.

Allons, je ne résiste plus, mais, Monsieur Colorio, n'attendez pas deux ans pour me montrer de votre ouvrage.

PIERROT.

Monsieur, j'étais complice de Léandre, & Colombine est aussi tendre qu'Isabelle.

CASSANDRE.

Je t'entends, épouse-là & compte sur ma générosité.

VAUDEVILLE.

LÉANDRE, *à Caffandre.*

AIR : *Ne v'là-t-il pas que j'aime.*

L'AMOUR, pour défiller vosyeux,
M'inftruifit feul à feindre ;
Mais, avouez qu'il vaut bien mieux
Savoir aimer que peindre.

ISABELLE.

Hélas ! que ces inftans font doux,
Je n'ai plus à me plaindre !
Mon pere me donne un époux,
Ce n'eft pas pour me peindre.

COLOMBINE.

Le feu dont m'enflamme Pierrot
Jamais ne peut s'éteindre ;
Mais, auffi, j'efpère bientôt
N'être plus faite à peindre.

PIERROT.

Sur mon amour tendre & conftant
Tu n'auras rien à craindre :
Mais, ne va pas prendre un amant,
Pour t'achever de peindre.

CASSANDRE,

Dans vos regards, le tendre amour
Brille fans fe contraindre ;
Mais il vous faudrait, en ce jour,
Un Greufe pour vous peindre.

FIN.